ADIEUX

A LA

VIEILLE ÉGLISE DE CHANZEAUX

Fête de la Pentecôte 1897
et jour de la première communion
des enfants de la paroisse

PAR Mgr H. PASQUIER

RECTEUR DE L'UNIVERSITÉ CATHOLIQUE D'ANGERS

PROTONOTAIRE APOSTOLIQUE

ANGERS

LACHÈSE ET Cie, IMPRIMEURS-LIBRAIRES

4, CHAUSSÉE SAINT-PIERRE, 4

—

1897

VIEILLE ÉGLISE DE CHANZEAUX

ADIEUX

A LA

VIEILLE ÉGLISE DE CHANZEAUX

Fête de la Pentecôte 1897
et jour de la première communion
des enfants de la paroisse

Par Mgr H. PASQUIER

Recteur de l'Université catholique d'Angers
Protonotaire Apostolique

ANGERS

LACHÈSE ET Cie, IMPRIMEURS-LIBRAIRES

4, Chaussée Saint-Pierre, 4

—

1897

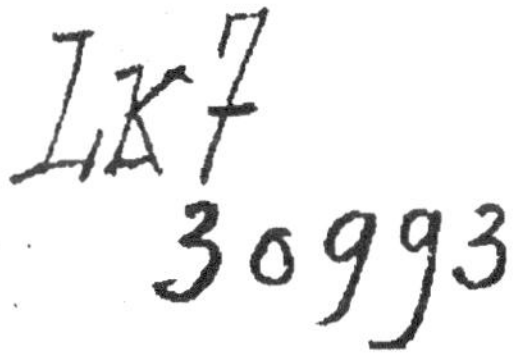

ADIEUX

A LA

VIEILLE ÉGLISE DE CHANZEAUX

Fête de la Pentecôte 1897
et jour de la première communion des enfants
de la paroisse

Mes chers Frères,

Nous faisons aujourd'hui nos adieux à la vieille église de Chanzeaux. Nous y avons pour la dernière fois célébré une grand'messe, chanté des vêpres et accompli les autres cérémonies du culte. Ce n'est pas sans émotion que nous quittons ce sanctuaire, où nous avons été faits enfants de Dieu, où nous avons reçu les sacrements, où nous avons si souvent prié en famille et vers lequel notre pensée se reportait comme d'instinct, en quelque lieu du monde que nous fussions, quand une grande joie ou un chagrin profond, en secouant violemment notre cœur, nous faisait souvenir de nos premières affections. En effet, la joie et la peine nous ramènent en esprit vers le foyer de la famille, vers l'église de notre paroisse, comme si c'étaient les seuls lieux de la terre où nous pussions trouver des cœurs pour se réjouir ou pour pleurer avec nous. Nous sommes repris par le souvenir des tendresses de notre mère et des douceurs de notre enfance religieuse, chaque fois que notre âme est enlevée au calme ordinaire de sa vie.

Tirons de cette cérémonie une leçon durable qui nous demeure jusqu'à la mort. Laissons parler ces murs avant qu'ils ne tombent sous la pioche du démolisseur, ces autels dont les statues ont surveillé et excité nos prières enfantines, en un mot toutes ces choses sacrées qui conservaient nos premiers souvenirs religieux et avaient le don de les évoquer avec tant de douceur.

Or, cette église qui va disparaître, elle est pour nous bien éloquente. Elle nous parle de la grâce de Dieu, qui reçue au baptême doit se développer dans la piété et la charité, pour fleurir et porter ses fruits dans l'éternité. Elle nous parle de la foi, de ces vérités divines qui ont commencé ici à éclairer notre raison d'enfant et qui doivent guider et éclairer toute notre vie. Elle nous parle des exemples de nos pères, de la sainteté de ceux qui nous ont précédés ici dans le pèlerinage terrestre.

I

C'est dans ces vieux murs, croulant sous le poids des années, que nous avons fait notre entrée dans la famille de Dieu, que nous sommes devenus chrétiens. Ces fonts, sur lesquels ces enfants vont renouveler les promesses de leur baptême, ont pour nous un prix infini. Sur ces fonts le prêtre de Jésus-Christ nous a baptisés : il nous a purifiés de la faute originelle et nous a donné la vie surnaturelle, mille fois plus précieuse que la vie corporelle. Sur ces fonts notre parrain et notre marraine nous ont revêtus de la robe d'innocence et ont prêté pour nous le serment de fidélité à notre Dieu. Cette robe d'innocence, ne l'avons-nous point couverte de quelques taches, à travers les chemins de la vie, souvent si boueux ? Ne l'avons-nous point maintes fois déchirée aux ronces des haies, dans nos courses plus ou moins imprudentes? Avons-nous gardé allumé le cierge de la foi, que nos parrains ont tenu à notre place, quand ils ont récité pour nous le Symbole des apôtres? Avons-nous conservé toutes les croyances religieuses de nos pères?

Mes chers Frères, unissons-nous à ces enfants et renouvelons avec eux nos promesses de baptême, vieilles de vingt, trente, cinquante, soixante ans ou plus : mêlons nos voix aux leurs; unissons notre raison expérimentée à la pieuse candeur de leur prière. Renonçons de nouveau avec eux à tout ce qui est du démon, c'est-à-dire aux mauvaises pensées, aux actions perverses, à tout ce qui blesse la pureté, la charité et la justice. Notre expérience nous a montré que le *Démon* emploie mille séductions pour nous faire tomber : qu'il nous trompe sur la grandeur de notre mérite et en nous prêchant l'égoïsme nous entraîne à la haine du prochain et au mépris des choses saintes. Nous savons de science certaine, pour l'avoir constaté mille fois, soit dans notre vie, soit dans celle des autres, que le péché, quel qu'il soit, sous quelques brillants dehors qu'il se présente, est le plus grand des maux.

Nous renonçons aux ministres de Satan, à tous les porteurs de mauvaises doctrines et de mauvais propos, à ceux qui par les livres, les journaux, les conversations, sèment l'ivraie du mensonge et de la calomnie.

Nous renonçons aux pompes de Satan, c'est-à-dire aux maximes et aux vanités du monde, à ces maximes funestes qui mettent le bonheur dans la richesse et dans la sensualité, dans l'éclat passager des honneurs ou de la gloire. Nous renonçons à ses œuvres, c'est-à-dire, à toutes les satisfactions coupables de l'orgueil et des sens. Nous nous engageons à Jésus pour toujours. A mesure que nous avons vieilli nous avons constaté avec plus de profit que seul le service de Jésus-Christ est sûr et sans mécomptes. Les années nous ont apporté de la part des hommes bien des causes d'ennuis : les uns nous ont fait des promesses qu'ils n'ont pas tenues; d'autres nous ont payé par l'ingratitude les bienfaits qu'ils avaient reçus de nous; le désir de nous dévouer a été récompensé souvent par la froideur ou les délaissements et quelquefois par la calomnie.

Vous, Seigneur Jésus, vous avez été fidèle à vos promesses; vous avez récompensé de votre affection la moindre de nos démarches vers vous ; vous nous avez même prévenus de vos bontés, de votre appel paternel. Vous avez séché nos larmes ; vous avez enregistré les plus cachées de nos bonnes œuvres pour les récompenser. Oui, avec ces enfants de la première communion, nous nous engageons de nouveau à votre service, nous vous promettons une fidélité aussi longue que notre vie.

Dans notre vieille église a grandi la vie de la grâce reçue au baptême. Ici le tribunal de la pénitence où nous allions nous accuser de nos fautes et rentrer en paix avec notre Dieu. Ici la table sainte où nous avons fait notre première communion, et où tant de fois nous avons reçu le pain des anges. Que de souvenirs elle nous rappelle cette modeste balustrade de bois, près de laquelle tant de générations se sont agenouillées et près de laquelle nous venions nous agenouiller à notre tour aux côtés de notre mère ! Nous voudrions la baiser avec respect. C'est là que se sont noués et resserrés peu à peu les liens sacrés de notre sainte amitié avec le Sauveur Jésus. O pain des anges, nourriture ineffable de nos âmes, n'est-il pas vrai que lorsque tu étais sur nos lèvres ici même, il nous semblait comme aux disciples d'Emmaüs, que notre cœur était tout réchauffé d'une chaleur céleste

et que nous n'avions plus d'affection que pour
ce qui est pur et conforme à la loi divine? Que
de saints projets formés alors, que de généreuses
pensées nées et fortifiées ici après une communion fervente!

Ne vous rappelez-vous pas la place que vous
occupiez à la table sainte en telle ou telle cir-
constance, alors que Dieu prenait une posses-
sion plus complète de votre cœur? Ne vous sou-
venez-vous pas que vous préfériez tel côté
parce que vous y priiez, vous semblait-il, avec
plus de ferveur? De cette place vous voyiez la
sainte Vierge et les saints patrons de nos autels
dans une lumière plus agréable; ils parais-
saient vous sourire et vous encourager dans
votre dévotion. O saintes et naïves prières de
notre enfance, comme vous vous échappiez doucement et facilement de nos lèvres devant ces
trois autels, que notre piété transfigurait! Il
nous semblait (et ce n'était pas une illusion)
que saint Pierre, saint Paul, saint Fiacre,
saint Mathurin portaient eux-mêmes nos prières
à Dieu et nous rapportaient les bénédictions
divines.

II

Notre vie surnaturelle repose sur la foi. Or, cette foi, c'est dans notre vieille église qu'elle est née, qu'elle s'est éclairée aux doux rayons de l'enseignement chrétien. Sur ces bancs nous avons pris nos premières notions de religion, notions dont les sciences les plus profondes ne possèdent ni la beauté ni les avantages. Qu'elles étaient donc avidement écoutées les premières leçons de notre premier catéchiste, quand il déroulait devant nos âmes toutes neuves les dogmes consolateurs de la doctrine chrétienne : les abaissements de Jésus à la Crèche, ses souffrances pour nous sur le Calvaire, sa présence perpétuelle sur l'autel, sa vie immortelle dans son Église ! C'étaient les premiers regards de notre esprit dans un monde au-dessus de nos sens, dans un monde aussi réel et plus durable que celui qui tombe sous nos yeux. Et celui qui nous montrait ce monde, c'était le prêtre bien-aimé qui nous préparait à notre première communion. Depuis, ceux d'entre nous qui ont le plus étudié n'ont jamais trouvé quelque vérité en désaccord avec les pages de ce petit livre : le catéchisme; ils n'ont même jamais découvert des vérités qui fussent comparables aux siennes pour leur importance et pour leur utilité. Mes Frères, relisons quelquefois notre catéchisme. Il a été la première lumière de notre âme, et c'est ici que cette lumière a brillé pour nous.

Du haut de cette chaire, chaque dimanche, nous a été donné l'enseignement chrétien, cette divine doctrine qui livrée par Dieu même aux apôtres, s'est répandue de siècle en siècle jusqu'à nous, par la série ininterrompue des pontifes et des prêtres. Jésus-Christ par la bouche de notre curé, de notre vicaire, nous a fait entendre les mêmes vérités qu'il enseignait à ses disciples pendant sa vie mortelle. Il nous a traités comme des princes : il avait préparé pendant quinze ans dans ses séminaires les docteurs qu'il nous envoyait pour nous transmettre les vérités qui consolent et qui sauvent. Avons-nous toujours écouté avec le respect convenable ces précieux enseignements? Leur avons-nous accordé la docilité de notre esprit et de notre cœur? Avons-nous aimé à repasser dans notre mémoire ce que nous avions entendu ici de la bouche de ce prêtre qui nous parlait au nom de notre Dieu?

Je ne connais guère de spectacle plus beau
que celui qui est donné, chaque dimanche, par
l'Église catholique dans sa mission d'enseignement. Dans des milliers et milliers d'églises,
les unes toutes de marbre et ornées comme des
palais, le plus grand nombre belles comme sera
la future église de Chanzeaux, quelques-unes
plus pauvres que n'est celle-ci, dans des langues
de toute sorte, le même enseignement est donné
aux riches et aux pauvres, aux grands et aux
petits, aux princes et aux sujets, aux savants
et aux plus humbles sauvages; cet enseignement est celui du *Credo* des apôtres; cet enseignement est celui de la morale évangélique.
Mes Frères, pensons-nous souvent, quand nous
sommes au sermon, à la grandeur sublime de
la doctrine qui nous est enseignée? C'est celle
qui a fait les saints, c'est celle qui conduit l'ensemble des chrétiens vers la bienheureuse éternité. Imaginez le plus grand savant du monde,
jouissant de la parole la plus éloquente : il ne
vaudra jamais, pour les choses qu'il enseigne et
le rôle qu'il joue, le prêtre le plus modeste à
qui Dieu a confié la mission de parler en son
nom aux hommes. Quand parle celui-ci, c'est
Jésus-Christ qui parle; quand ses paroles reten-
tissent à vos oreilles, c'est Jésus-Christ qui se

fait entendre à votre âme. De grâce, écoutez
le, écoutez-le.

III

Vous connaissez comme moi, mes chers
Frères, la force de l'exemple sur nous. L'homme
agit le plus souvent par amour de l'imitation.
Aussi, une des raisons qui nous attachent le
plus fortement à cette église vénérable, c'est
qu'elle a vu se succéder sous ses voûtes des
générations de prêtres et de fidèles que nous
aimons à prendre pour modèles et dont l'imitation est toujours un garant de bonté et de sainteté pour nous. C'est dans ce modeste sanctuaire
que s'est fortifiée et entretenue la foi des hommes
les mieux croyants que chacun de nous ait
connus ; c'est ici que se sont alimentés les sentiments des hommes les meilleurs que nous
ayons fréquentés dans notre enfance et, même
depuis, dans notre âge mûr.

MES FRÈRES,

Nous servons le même Dieu que nos pères ;
nous aurons à répondre de notre vie devant le

même Juge ; la même éternité nous attend : c'est certain, absolument certain. Est-ce que nous employons les moyens qu'ils employaient pour sanctifier leur vie ? Est-ce que nous avons gardé leurs pieuses pratiques ? Avons-nous hérité de leurs vertus ?

Faisons revivre devant nous, pour nous exciter au bien, le tableau édifiant de notre paroisse il y a quarante ans. Je fais appel au souvenir des personnes de mon âge ; elles confirmeront, j'en suis sûr, l'idée flatteuse que j'ai gardée du Chanzeaux de mon enfance.

Les dimanches alors y étaient bien beaux. Tous les travaux cessaient, parce que c'était le jour de repos réservé par le Seigneur. Tout respirait un air de fête et de joie sainte. Quand nous avions nos habits des dimanches et que des villages les plus éloignés nous venions, conduits en bandes souvent nombreuses, par nos mères et nos pères, il nous semblait que le soleil était plus beau, que la nature participait à notre allégresse : les saluts s'échangeaient cordiaux et fraternels avec les voisins que nous rencontrions. Tous venaient à la messe, à la maison du bon Dieu. Et les gens de la campagne trouvaient dans le bourg des chrétiens aussi pieux et aussi fervents qu'eux : il n'y avait point de distinction entre les sentiments des uns et des autres. C'était une édification mutuelle dans une fraternelle charité. Personne alors n'aurait manqué la messe sans une raison très grave; le précepte de l'Eglise était respecté par tout le monde.

Puis, quelle tenue pieuse et édifiante chez nos parents, chez les hommes les plus considérés de nous pour leur âge et la situation qu'ils occupaient dans l'estime publique! — J'ai encore devant les yeux ces groupes de vingt à trente hommes vénérables qui, tous les premiers dimanches du mois, se présentaient à la table sainte. Ils apparaissaient à nos yeux édifiés comme des modèles, que le bon Dieu, dans sa miséricorde, accordait à la paroisse. Les vêpres ne comptaient pas moins de cent cinquante à deux cents hommes : et les jours de grandes fêtes, l'église était aussi pleine aux vêpres qu'à la messe.

J'ai revu bien des fois en souvenir, pour mon édification, ces figures de chrétiens parfaits qui occupaient les stalles de ce chœur, les bancs de cette nef. Ces hommes portaient vos noms : ils étaient vos pères, vos oncles et les miens. Quelle piété dans leur maintien, quelle douce paix sur leur visage, encadré le plus souvent de longs cheveux qui les rendaient encore plus vénérables! Quel beau spectacle de les voir, soit le jour du Sacre, soit le premier dimanche du mois, soit aux Rogations, suivre, par les ruettes ou par les chemins creux de notre campagne, les processions, où à la suite des échelettes de Pierre Bourreau, se déroulait une longue suite de fidèles de tous les âges !

Et les femmes, comme elles étaient modestes sous le mantelet de drap noir et le capot de taffetas ou de futaine ! Comme elles étaient pieuses, comme elles étaient bonnes ! Chaque soir, je me souviens, bon nombre de celles qui étaient libres dans le bourg, se rendaient au chapelet, sonné par la petite cloche, la quatrième, chapelet que l'on appelait la messe à Jéquine, du nom de la bonne fille qui en avait établi la récitation publique. — De mon temps, c'était Cillette Reuiller qui remplissait cette charge de la récitation du chapelet, en même temps qu'elle faisait les neuvaines confiées à sa piété par les fidèles de la paroisse.

Depuis ce temps, j'ai rencontré des femmes bien vertueuses, mais je n'ai jamais trouvé un ensemble de femmes aussi universellement pieuses, aussi foncièrement chrétiennes, qu'étaient ces femmes de Chanzeaux d'il y a cinquante ans.

Puis, quand nous retournions chez nous après

CHŒUR DE LA VIEILLE ÉGLISE DE CHANZEAUX

une cérémonie religieuse qui avait excité la piété et la verve des vieillards, des derniers témoins de la guerre de la Vendée, c'étaient le long des chemins du Plessis, de la Brosse ou de Saint-Ambroise des récits sans fin sur les épisodes tragiques ou gais de l'époque terrible. Notre curiosité insatiable rendait l'éloquence des narrateurs inépuisable. Nos yeux d'enfant attachés sur leur beau visage de vieillards, nous buvions, pour ainsi dire, leurs paroles, et nous fixions pour la vie, dans notre mémoire, les actes d'héroïsme accomplis dans nos champs des martyrs de la Houssaie, du Bignon ou de la Chauvellière, les scènes lugubres du siège de notre clocher, les touchants détails de la première communion de 1799 dans la prairie de Fruchault. La générosité des ancêtres s'insinuait dans nos veines : nous rêvions des hauts faits de nos martyrs racontés par des confesseurs, derniers survivants et derniers témoins de la grande guerre.

Nos aimés historiens nous racontaient aussi des légendes plus vieilles que ces récits : légendes transmises depuis des siècles, conservées et embellies par l'imagination populaire, mille fois plus féconde et plus riche que celle des plus grands romanciers.

A chacune des croix de granit, qui s'élève au carrefour de nos chemins, aux croix Camarde, Gillet, de la Perserie, de la Reue ou du Plessis, se rattachaient des faits extraordinaires, dont le signe rédempteur perpétuait le souvenir. Au pied de ces grandes croix en étaient plantées de petites, en bois, les unes déjà vieilles, d'autres toutes fraîches, qui éveillaient chez nous des sentiments de piété et de deuil. Chacune d'elles représentait un mort passé par ce carrefour, quand, porté sur les épaules charitables de ses voisins, il était conduit au cimetière. J'ai lu depuis dans un vieil historien, Froissart, que de son temps déjà cette coutume existait; et que les chevaliers descendaient de cheval, mettaient genou à terre devant ces croix et disaient *Pater* et *Ave* pour les morts qui avaient passé par là.

J'éprouve un charme infini à dérouler devant vous tout ce qui se rattache pour nous à nos allées et venues dans notre vieille église. Le chemin de la messe était par excellence le chemin des beaux récits et des joies pures; il est encore maintenant le chemin des plus précieux souvenirs. Il a pour une bonne part contribué à former notre âme dans sa foi simple et forte de Vendéen.

J'ai hâte de revoir avec vous quelques figures qui dominent les autres dans nos souvenirs d'enfants. Dans le banc qui est au fond de cette église venait s'agenouiller et prier M. le comte Théodore de Quatrebarbes, « un chevalier du « moyen âge égaré dans notre siècle », a dit de lui un préfet de Maine-et-Loire : certainement un des grands chrétiens de notre époque. Sa belle intelligence, qui l'avait établi parmi les officiers du génie les plus distingués de notre armée d'Afrique, donnait à sa piété un charme tout particulier. Il avait combattu comme un héros en Espagne, en Afrique, à Ancône. Dans notre modeste église, au milieu de nous tous, enfants ou vieillards de la paroisse vendéenne, il priait comme un moine. Sa piété excitait la nôtre : elle nous rendait saintement fiers de l'avoir comme paroissien de notre Chanzeaux.

Qu'il était édifiant lorsque, le jour du Sacre, une torche à la main, il suivait dans les rues de ce bourg, autour des reposoirs fleuris dressés par les mains pieuses des habitants, la procession du Saint-Sacrement à la tête de quarante ou cinquante hommes de cette paroisse! Il était bien le premier de nous tous, non seulement à cause de son nom, de sa bravoure et de sa grande intelligence, mais encore à cause de sa piété profonde et de son amour sans défaillance de l'Église catholique.

Il est une autre figure qui, pour nous autres hommes de cinquante ans ou plus, s'attache à tous les souvenirs de notre vieille église : c'est celle de M. Peltier, curé de cette paroisse pendant plus de trente ans. Il n'est pas un endroit de ceux que j'ai nommés, chaire, autels, sainte table, fonts, stalles, où il ne m'apparaisse avec son large front, sa physionomie un peu sévère. J'entends encore sa voix pleine d'autorité, exposant avec clarté les vérités du Symbole ou l'histoire de l'Ancien Testament, figure du Nouveau ; je le vois à l'autel avec cette gravité qu'inspire à une foi profonde la présence des augustes mystères ; j'écoute encore les avis si sages qu'il donnait au confessionnal ; il se présente partout, et dans cette église et dans son presbytère et dans les chemins de cette paroisse qu'il parcourait pour son ministère, comme le chef respecté de son troupeau. Quand il parlait au milieu de ses paroissiens, chacun soumettait son autorité à la sienne. On était fier d'obtenir de lui un mot d'approbation ou d'éloge. Dur pour lui-même, il prêchait facilement les devoirs austères de la religion. Malgré un extérieur sévère, il avait des délicatesses de cœur

exquises : j'en ai eu tant de fois la preuve ! Il
inspirait pour sa personne une estime profonde,
que n'auraient jamais pu lui refuser même ceux
qui n'auraient pas partagé sa foi. Quand la
maladie l'eut rendu incapable de prêcher ou
de dire la messe, sa simple présence dans sa
stalle nous édifiait et nous enseignait la patience
et la résignation. Il était bien vraiment l'âme
de cette paroisse et de cette église.

IV

Que je l'aimais, ma vieille église ! Longtemps,
dans mon enfance, je l'avais cru la plus belle
de la contrée et une des plus belles du monde.
Et maintenant que j'ai visité des églises par
milliers, il n'en est point encore qui me donne
des émotions aussi vives et qui me parle au
cœur un langage aussi éloquent. Elle se dres-
sera toujours devant moi avec les vieux murs de
son abside romane, les rétables coloriés de ses
trois autels, les fenêtres ébréchées de son clocher
historique. Je pourrai, j'espère, jusqu'à la fin
de ma vie, évoquer, aux regards de mon esprit,

aux heures où j'aurai besoin de consolations,
le doux spectacle qu'elle me donnait, ma chère
église, quand j'étais enfant : tout Chanzeaux,
réuni dans son sein pour prier, pour louer et
remercier Dieu, pour écouter avec respect la
parole de Dieu, cette parole qui donne la paix,
qui montre le devoir à faire, le vice à éviter et
qui prépare l'âme à son éternité. Cette douce
image, je la garderai précieusement comme
un legs sacré de la sainteté de nos pieux parents.

J'entendrai toujours le son harmonieux de
ses cloches, dont la voix a pour chacun de nous
un accent particulier, parce qu'elles ont célébré
nos joies et nos deuils, les jours de fêtes et les
jours d'enterrement. Comme elles ont fait battre
nos cœurs souvent ! Elles nous appelaient à
la prière et nous leur obéissions avec joie :
celles des autres paroisses n'avaient point et
n'auront jamais pour nous une voix aussi har-
monieuse, un accent aussi habile à pénétrer jusqu'au fond de notre cœur. Quand, la veille des
fêtes, dans le silence des champs, dans le re-
cueillement particulier au crépuscule, après une
journée de travail, nous entendions leur joyeux
carillon, notre âme, doucement émue, se réjouis-
sait à la pensée des solennités du lendemain.

Nos cloches avaient pour nous tous les tons et toutes les émotions; elles nous sonnaient des airs joyeux pour nos joies, et des airs très tristes pour nos deuils; elles étaient de ces amis dont le cœur et la voix sont toujours d'accord avec nos sentiments.

Adieu, chère vieille église! Que les prières des générations qui se sont succédé ici depuis plus de sept siècles, recueillies par tes anges gardiens, soient par eux présentées à Dieu pour nos parents de l'Église souffrante! Que le sang des martyrs, qui a imbibé les murs noircis de ton clocher, il y a cent ans, soit un sacrifice de propitiation pour nous! Que les milliers et milliers de saintes âmes, que tu as envoyées au ciel, deviennent les protectrices des générations qui leur succèdent maintenant ici ou qui leur succèderont dans la nouvelle église! O saints et saintes sortis de notre Chanzeaux, soyez nos protecteurs, soyez surtout nos modèles pour l'accomplissement de nos devoirs religieux! Vous avez généreusement parcouru la route que nous parcourons; vous avez arrosé de vos sueurs les champs que nous cultivons. Nous voulons vous imiter et nous rendre dignes d'être accueillis de Dieu comme vos fils.

Et vous, saints patrons de Chanzeaux : saint

Pierre, saint Fiacre, donnez-nous la foi de nos pères; conservez-nous leur loyauté et leur bravoure, qui en ont fait des hommes admirables, la piété et la charité, qui en ont fait des saints.

Ainsi soit-il.

H. PASQUIER.

Angers, imprimerie Lachèse et Cie Chaussée Saint-Pierre, 4